JN325103

●生涯学習ブックレット

# 紛争解決のあり方を考える

## ——日常世界と法の世界の架橋を求めて

吉田　勇

## 目次

表紙・扉デザイン――株式会社　長正社

本書は、熊本大学大学院社会文化科学研究科主催の第二回ＦＤ（Faculty Development）研究会における講話（平成二十二年三月十日、熊本市）の内容をもとに、加筆・編集したものです。

# 一　はじめに——今回の趣旨

今回、テーマとして「日常世界と法の世界の架橋を求めて」を考えてはいましたが、その中身がなかなか決まりませんでした。あまりまとまった話ができない点はご容赦いただければ幸いです。

私は最初、大学の工学部に入りましたが、大学に入ってからサークル活動を通して社会問題に触れて法学部に入り直しました。そのときは弁護士になりたいと思っていました。

法学部では法の解釈を中心に学びます。法に関わる職業に就くための多くの資格試験や競争試験には、法学系の試験科目がありますので、法の解釈を学ぶ必要があるのです。

しかし、法の解釈を学ぶだけでは社会も人間も見えてこないということが、次第に悩ましく思えるようになりました。法学部の一年のときからクラスの仲間五、六人とずっと読書会を続けていたのですが、三年生になってすぐ、法の解釈ではなく法の理論を学びたいと思い、読書会の仲間のひとりと一緒に、法哲学の先生にお願いして四年生のゼミに入れてもらいました。

その先生が、物事をほんとうに考えるとはどういうことかを、授業でも授業の外でも身をもって実践されるのを目の当たりにして、強い感銘を受け、自分の考えの浅さを思い知りました。このままでは実務家としてもやっていけないと思い、大学院に進学してその法哲学の先生のもとでもう少し学びたいと思うようになりました。しかし、その先生の学識に触れるにつれて、私には法哲学を研究していく力はないと思わざるを得ませんでした。

私には、法学部に入り直したときから法社会学への関心がありました。その頃は、まだ川島武宜《かわしまたけよし》という法社会学の理論的指導者が健在でした。岩波新書の『日本人の法意識』を書いた有名な方です。川島さんの日本近代化論の理論的枠組には次第に疑問を抱くようになりましたが、川島さんの著作からはずいぶん知的刺激を受けました。

末弘厳太郎《すえひろいずたろう》という民法学者（法社会学の創始者）の書いた『嘘の効用』というエッセイ集からは、現実の問題について法的に考えるとはどういうことかを学びました。教養部での社会学の授業でマックス・ウェーバーの『職業としての学問』がレポートの課題になったのがきっかけで、私はウェーバーにも関心を持ち始めました。出版されたばかりのウェーバー著（世良晃志郎《せらてるしろう》訳）『支配の社会学』を読書会の仲間と一緒に読んだのもその頃でした。

大学院の修士課程では法哲学を専攻しましたが、修士論文のテーマはウェーバーの「理解社会学の方法」にしました。「法は規範である」とよく言われますが、法規範を社会学的に扱うことの意味を明らかにするには、ウェーバーの理解社会学の形成過程に取り組むのが一つの有効な方法だと思えたからです。と言うのは、ウェーバーの場合には、理解社会学の形成がそのまま法社会学の形成だったからです。私は、その後も法社会学という学問の形成過程に強い関心を持っていたのですが、法社会学の創始者のひとりであるオイゲン・エールリッヒという学者については当時の日本でもかなり研究の蓄積がありましたので、まだ本格的に研究されていなかったウェーバーに取り組むことにしたのでした。

九州大学産業労働研究所を経て熊本大学法学部に赴任してからも、ウェーバーの法社会学理論の研究に予想以上に時間をかけてしまいましたが、一応の区切りをつけてから、ようやく日本社会研究、とくに紛争事例を通した法と社会の関連の研究に取り組むことになった次第です。

とは言うものの、まだその研究成果は十分ではありませんので、今日のお話は研究の中間報告とご理解いただければ幸いです。

今日のお話のあらましを述べますと、最初に日常世界と法の世界がまったく疎遠であること、すなわち日常世界と法の世界の「乖離《かいり》」現象を、日常言語と法的言語の乖離を通して取り上げます。「乖離」という抽象的な用語を使うことをお許しください。

次に、社会の「法化」（後述）に伴って生じてきた日常世界と法の世界の相互浸透の具体的な姿を明らかにするために、「隣人訴訟事件」と「水俣病事件」という二つの紛争事例を取り上げます。

最後に、日本社会における紛争解決交渉過程に見られる二つの特徴に着目します。キーワードで言えば、〈誠意ある対応〉と〈納得のいく解決〉です。

紛争当事者の思いを見てみると、とくに被害者が加害者に対して〈誠意ある対応〉を求めているという事実がよく観察されます。「誠意」とは、一般には何か心情的なものと思われていますが、私は「誠意」が規範的な意味を持つ場合に注目して、そのような「誠意」を〈誠意規範〉と名づけています。

また、「納得のいく解決をしたい」「それでは納得がいかない」と言うように、「納得」という言葉も、紛争当事者の口からよく語られます。しかも「納得」も単なる満足ではなく、第三者からの共感と支援が得られるという意味では規範的な働きを持つ場合があると言えます。

この二つのキーワードは、紛争事例研究を進める過程で得られたものです。紛争事例研究を通して、日本社会研究への示唆を得たいというのが私の問題意識です。前置きが長くなりました。それでは本題に入ります。

## 二　日常世界と法の世界の乖離
### ――日常言語と法的言語の乖離を通して

今日のテーマは「日常世界と法の世界の架橋を求めて」ですが、日常世界も法の世界もかなり大雑把《おおざっぱ》な意味で使っていますので、大雑把に理解してください。日常世界と法の世界が疎遠であること、すなわち両者の乖離は、言葉の次元に引きつければ日常言語と法的言語の乖離ということになり、少し明確になります。

この二つの言語の乖離は、二つの類型に区別されます。一つは〈専門的乖離〉、すなわち法的言語が利害調整や紛争解決の基準であることに由来する乖離であり、もう一つは〈文化的乖離〉、すなわち日本が明治以降に西洋の法制度、あるいは法典を翻訳的に継受したことに由来する乖離です。それらを説明してみましょう。

## 日常言語と法的言語の〈専門的乖離〉

〈専門的乖離〉というのは、簡単に言うと、法的言語というのは社会の中の紛争の解決や利害の調整のための明確な基準としての役割を持たなければならないから、豊かだけれども曖昧な意味を持つ日常言語をそのまま法的言語として使うわけにはいかない、ということに由来する乖離です。

もちろん法的言語を日常世界で使いこなすことなどできませんし、その必要もありませんが、法的言語が日常言語から切り離されてしまってよいわけではありません。法的言語はもっぱら裁判の場で使われるとはいえ、もともと社会における利害対立の調整や紛争の解決のために使われるのですから、法実務家によってしか理解できないのであれば、市民にとっては当然不都合が生じます。法的言語の日常的な理解の可能性を断念してしまうわけにはいきません。

思えば、日本が近代を迎えてからも、地域社会では、世話役（知恵者や有力者）

の仲介で、紛争当事者が日常言語で対話しながら紛争の解決を試みてきたのではないかと思います。この場合には、法的言語を援用しないでも、と言うよりも法的言語を援用しないほうが、紛争は平和的に解決され得たと言ったほうがよいかもしれません。

しかし、現代社会では、もはやそのような解決の仕組みに期待することができなくなりました。社会の多様化に伴い、紛争当事者間の利害対立や価値観の違いが大きくなってきただけでなく、紛争当事者間に世話役（知恵者や有力者）が介在して仲裁的な調停をするような地域社会的条件が失われてきたからです。

しかも、私たちは、日常的に利害対立を抑制したりその紛争化を回避したりするために知恵を使うことはあっても、いったん生じた利害対立の調整や紛争の解決に必要な実践知を身につける機会をあまり持たずにきています。

利害対立もその紛争化も避けられなくなってきたとすれば、私たちはどうしたらよいのでしょうか。長期的に見れば、私たちは、まず第一に、紛争当事者間の利害調整や紛争解決のために使えるような日常言語を豊かに洗練させていく必要があります。紛争の多くは私たちの日常世界で起きるからです。

次に、そのように洗練された日常言語を法的言語に組み入れることによって、法の世界と法的言語を少しでも日常的に理解可能なものにすることが必要です。日本の法学にもこれだけの蓄積があるわけですから、もっとわかりやすい法的言語をつくり出す工夫が、立法者にも法学者にも求められる時代が来ています。

さらに、日常世界と法の世界を架橋する理論的かつ実践的な枠組みを意識的に構築する必要があります。国民のニーズに応えて進められてきた司法制度改革の動きも、その一環としての裁判外紛争解決手段（ＡＤＲ）の拡充・活性化の提言とその具体化であるＡＤＲ法の制定（平成十六年）も、このような文脈で考えられるべきでしょう。

〈専門的乖離〉自体は避けられませんが、裁判外の紛争解決に活用できる日常言語を豊かにすること、できるだけ日常的な観点からも理解可能な法の世界を構築することが、日本社会のこれからの課題になります。それでも、法的言語を日常的な言語で理解することには限度がありますので、法的言語と日常言語を架橋し得る法実務家が必要になりますし、法に関わる職業に就く人のための法学教育も必要になります。その際、法的言語ももともとは日常言語を母体としていることを忘れてはならないと思います。

## 日常言語と法的言語の〈文化的乖離〉――「自由」と「権利」を例として

もう一つの〈文化的乖離〉は、日本の法的言語のほとんどが西洋の法的言語の翻訳であることに由来する乖離です。法的言語の中でも最も基本的な「自由」と「権利」を取り上げることにします。

LibertyとかFreedomの訳語として現在用いられているのは「自由」という言葉ですが、幕末から明治初期には、「自由自在」「自在」「自由」「自主」「寛弘《かんこう》」「不羈《ふき》」などの訳語が混在していましたし、中国では確か「自専」とか「自得」という訳語もありました。その中から「自由」という訳語が定着してきたわけです。

「自由」は、日本では本来「わがまま勝手」という否定的な意味で使われていたようです。今まで否定的に使われていた言葉が、あえて法的言語として採用されたのがこの「自由」という訳語です。もっとも、宗教的に「自由」がよい意味で用いられた例は禅僧の「自由解脱」という用語などに見られますが、ここでは日常的な意味に限ります。

「自由」という言葉の時代的な意味を象徴的に示す一つのエピソードが、柳田国男《やなぎたくにお》という民俗学者の著書『故郷七十年』（ちくま日本文学全集、三三、筑摩書房）の序文に出てきます。酔っ払いの博徒が家の門のところでわめいていたので、それをとがめて帰そうとすると、「自由の権だ」と言って暴れたというお話です。酔っ払いの博徒も「自由の権だ」と口にするほど、この言葉がこの時代に普及していた証拠でもありますが、その光景を門の陰から見ていたひとりの少年は、「自由」という言葉が嫌いになっただけでなく、自由党の党首である板垣退助に対しても好意を持てなかったというのです。「自由」と「民権」が一緒になったのが自由民権運動ですが、「自由の権」の通俗性を嫌った少年こそが柳田でした。

RightとかRecht（独）についても、いろいろな訳語がつくられましたが、「通義」

「権理」「権義」あるいは「権」といった言葉の中で、現在のように、「権」と「利」を合わせた「権利」という言葉が定着してきました。

「通義」「権理」「権義」という訳語に道徳的な正しさという意味が入っているのは、RightとかRechtに正しさという意味が込められているからです。

「権」と利益の「利」が一緒になりますと、道徳的な正しさという意味は消えますが、その「権利」が定着してきたことになります。「権」は「力」という意味で、「利」は利益という意味でそれぞれ使われていましたが、その二つを組み合わせた「権利」はそれまで使われていなかった言葉だと言われています。

なお、現在でも、「権利」という意味の「権」は大いに利用されています。「日照権」「環境権」「生存権」「所有権」「人格権」などはその例です。

西欧の法的言語の翻訳語が日常世界で語られる場合には、その翻訳語には法的言語としての新しい意味と、日常言語としての漢語が持っていた意味が二重化されることになります。だから「権利」も「自由」も、法的意味と日常的意味の二重性を最初から帯びています。どちらか一方の意味だけが正しいというわけではありません。

「自由」と「権利」の翻訳語としての新しい意味は日常的には隠れています。法の世界では法的言語としての意味がもっぱら採用されます。「隠れている」とは、意識されていないという意味です。紛争が発生して、初めてその法的解決のために「自由」や「権利」の法的意味が意識されます。「自由」とは、法的には何よりも国家権力からの「自由」です。「権利」は他者に対して法的に正当に要求し得る利益のことです。その要求は訴訟になっても裁判所によって認められます。要求される相手方は、「義務」としてその要求に応えなければなりません。「自由」や「権利」の法的意味をつきつけられた場合には、日常世界の人々は「自由」や「権利」という言葉に日常的な意味を込めて反論することになります。

「自由」の主張に対しては、「わがまま勝手なことを言うな」とか、「規律も大事にしろ」とか、「無責任であってはならない」といった反論が必ず出てきますし、「権利」の主張に対しても、「自分の利益ばかり主張する」とか、「義務を大切にしろ」とか、「もっと責任を自覚しろ」といった反対意見が出てきます。これらの反対意見は「自由」や「権利」という法的言語の意味を誤解していると批判するのは容易ですが、それでは到底済まない問題です。それでは言語の二重性が見えてきません。

私たちが日常世界と法の世界を架橋したいのであれば、今でも「自由」や「権利」という法的言語の持つ二重の意味を押さえておく必要があります。私たちが日常世界の中で、他者に面と向かって「私の自由です」とか「私の権利を主張します」と言うには、勇気や覚悟を必要とするのが普通です。そういう意味では「自由」と「権利」は、日常の世界では相手方に心理的圧力を加えたいか、紛争化も辞さない強い意思を持っている場合にしか使われない言葉であり続けています。

しかし他方では、訴訟による紛争解決のためには「自由」や「権利」という法的言語を法的意味に限定して用いる必要があります。私たちの日常的な社会関係の中でも、紛争化すれば交渉過程でも法的言語を戦略的に利用する場合がありま す。

私たちは、通常は、売買の法的意味を意識することはありません。売買をめぐるトラブルが起きたときに初めて、売買の法的意味が意識されます。結婚という夫婦関係も同じです。結婚は法的には「婚姻」と言いますが、結婚は夫婦の愛情に支えられているだけでなく、制度的にも承認されています。しかし制度としての「婚姻」が意識されるのは、結婚するとき、子供が生まれたとき、離婚するときなど、かなり限られた場合です。売買も結婚も、日常世界と法の世界の双方に関わっている日常的な営みです。

## 言語の次元から世界の次元へ——末弘厳太郎『嘘の効用』より

「言葉」の次元から「世界」の次元に話を戻すと、日常世界と法の世界の乖離がどの時代にもどの社会にもあったことをわかりやすく論じたのが、末弘厳太郎さんの『嘘の効用』というエッセイです。「嘘」を活用して人を救う物語が紹介されています。「嘘」とはフィクションのことで、法の分野では「擬制」と訳されます。ローマ時代には、「モンストルム（monstrum）の法理」というものがありました。

モンストルムは「鬼児《きじ》」と訳され、人の子ではないという意味です。産んだ子が重度の奇形児であれば、母親がその子を死に至らしめることがしばしばあったようです。それを殺人だとみなせば母親があまりにもかわいそうだから、殺したのは人ではなくてモンストルムだと解釈して、その母親を救ったという話です。

「なれ合い訴訟」という例も出てきます。キリスト教の国ではなかなか離婚が難しく、法律が認める離婚原因もはっきり限定されています。しかし、離婚したい夫婦は芝居をしてでも離婚原因があったことにするわけです。

離婚したい妻が夫の虐待を理由に訴え出ます。裁判官は法廷で夫に対して妻を虐待したかと聞き、夫は虐待しましたと自白する。そうすれば、裁判官は裁判上の離婚原因である虐待があったと事実認定せざるを得ない。裁判官も芝居ではないかとうすうす気づいたとしても、夫が虐待したと自白する以上、「嘘」だと言うわけにいかない。これが「なれ合い訴訟」と言われるものです。

裁判離婚だけしか認めない法制度を見れば、法律の厳格さによって妻が保護されているように見えます。しかし、現実には離婚したい夫婦は裁判離婚制度を利用して、実質的には協議離婚をしていることになります。協議離婚が認められていない国でも、実質的には協議離婚が「なれ合い訴訟」という形で行われる場合があるわけです。アメリカでもこのような訴訟があると聞いています。

一定の事実があり、そのために苛酷な法律を適用しなければならないならば、その事実がないことにするか、あるいは事実が違うことにして人を救う場合もあるわけです。逆に、なんらかの事実があれば法律の適用によって人が救われる場合には、事実がなくても事実があるという「嘘」を利用して法律を適用し、人を救うこともあるわけです。このように、日常世界と法の世界を調整するために「嘘」が巧みに使われてきたことを、末弘さんは示唆しています。

「嘘」を活用するだけではうまくいかない場合には、法改正ないし新しい法の制定が必要になります。明治期につくられた民法では解決できないような新しい紛争(争議)が、大正期には次々に起きてきました。新しい社会立法が登場し、法律と現実の乖離を埋めるための判例法が形成され始めます。

例えば、民法では届け出によって法律上の婚姻が成立します。届け出以前は、通常「内縁」とか「準婚」とか「事実婚」と言われます。民法の起草者は、届け出があって初めて「法律婚」として有効だ、届け出以前は無効だと考えていましたが、それでは不都合が多すぎたのです。

日本にはすでに戸籍制度ができていましたが、結婚と同時に妻を戸籍に入れるのではなく、子供ができたら入籍する、家風になじむまで籍に入れないといった慣行もありました。すでに大正初期に、結婚式を挙げた後で婚姻届を出す前に「離婚」した場合には、妻は保護されなくてよいのかが問題になりました。妻によってというよりも、実質的には妻の実家によって訴訟が提起されたと言えます。その結果、「内縁」が不当に破棄された場合には損害賠償の請求ができるという判例法が、大正期から形成されて現在に至っているわけです。

社会慣習と折り合いをつけるために、いろいろな分野で法律が予定していなかった判例法が形成されてきましたが、裁判官が判例法を形成したのは、日常世界と法の世界を架橋するためであることは間違いありません。

現代では、日常言語と法的言語の乖離という問題は新しい段階に至っています。

裁判員制度の導入によって、市民にとってわかりやすい裁判が課題になってきたからです。言語学者と法学者が協力して、法的言語をわかりやすく説明するための研究を進めています。このような研究の発展に期待したいと思います。

## 三　日常世界と法の世界の相互浸透——二つの紛争事例を通して

社会の「法化」により、日常世界と法の世界の相互浸透が進んできました。「法化」とはLegalizationやVerrechtlichung（独）の訳語ですが、簡単に言えば、法の役割が社会の中で増大していく経験的傾向のことです。

今まで法的に規制されていなかった領域でも法が必要とされるようになってきましたし、新しいタイプの訴訟も登場してきました。これは従来型の紛争解決の仕組みが壊れてきたために、法や訴訟や弁護士の利用が必要とされる状況が出てきたことを意味しています。日常世界と法の世界の相互浸透を明らかにする方法はいろいろありますが、私は具体的な紛争事例研究を重視しています。多様な紛争解決過程から、理解可能な形で経験的規則性を引き出したいというのが私の問題意識です。

本日は、日常世界と法の世界の相互浸透の具体的な姿を明らかにするために、二つの事件を取り上げます。「隣人訴訟事件」と「水俣病事件」です。私たちは、二つの紛争事例の解決過程を通して、訴訟による法的解決の役割とその限界をぎりぎりのところまで追求することができます。

## 隣人訴訟事件

隣人訴訟の判決は、一九八三年に出ました。そのとき、非常に大きな社会的反響があり、「隣人訴訟」という言葉がその年の流行語大賞を取りました。この事件は、三歳四か月の男の子（A）が新興団地のすぐそばのため池で水死したという不幸な事件です。

その出発点は、母親がAを買い物に連れて行こうと思って呼びに行ったが、A

が行かないと言ったことにあります。Aは大掃除中だった隣人宅の四歳の男の子（B）と遊んでいましたので、大掃除中の隣人宅のBの父親にまず相談したところ、その父親は自分がいるから置いていったらという趣旨のことを言ったようです。そこでAの母親がBの母親に「使いに行くからよろしくお願いします」と述べたところ、Bの母親は「子供が二人で一緒に遊んでいるからだいじょうぶでしょうと言ってこれを受けた」と裁判所は認定しています。Aの母親はAをBと遊ばせたまま買物に行き、買物から帰ってくるまでの約三十分の間に、Aがため池に入って溺死したという事件です。

被告夫婦（Bの両親）から事故の真相説明も「誠意ある謝罪」もないことに納得できない原告夫婦（Aの両親）は、被告夫婦にもAの溺死について法的責任があるとして訴訟を提起しました。訴えの提起自体は、私が新聞を調べたかぎりでは記事になっていません。大きく報道されたのは判決のときです。原告夫婦は被告夫婦と市、国、県、建設会社に対して、二千八百八十万円余の金銭賠償を請求しましたが、判決が認めたのは隣人夫婦の三割の責任だけでした。後は原告夫婦の責任としたのです。

原告夫婦に七割の責任があるとされたのは、大掃除中であるのを知りながら隣人宅に子供を預けたこと、日頃から危険なため池に近づかないようにというしつけをしていなかったことという二つの理由によります。原告夫婦はため池の管理責任の落ち度も問うていましたが、判決は、市には管理責任はあるが落ち度はない、国と県には管理責任そのものがない、建設会社には不法行為責任はない、というものでした。結局、三割の責任とはいえ、隣人夫婦にもAの溺死に対する法的責任が負わされたことが大きく報道されたわけです。

この判決報道の直後から、匿名の非難中傷の電話が原告宅に押し寄せ、一週間に五百件から六百件ぐらいあったと言われています。母親はノイローゼのようになります。父親も職を失い、子供（Aのきょうだい）が学校に行くと五百万円を何に使ったかといじめられ、親類の仕事にも影響が出たようです。たまりかねた原告夫婦は訴え自体を取り下げました。

判決について掲載した新聞を見てみると、朝日新聞は「預かった側にも責任」

という見出しをつけていますが、「預かった側に責任」という新聞もあります。「にも」が正確です。七割が原告側の責任とされたのですから、「に」であれば誤解を生みます。原告夫婦は子供を「法的に預けた」と主張したのに対して、「子供たちが二人で遊んでいるからだいじょうぶでしょう」という被告夫婦の応答は、近隣のよしみによる儀礼的な挨拶によるもので、むしろ婉曲的には断ったつもりだったというのが隣人夫婦側の反論のようでした。

このように、子供を預かったかどうかが法的争点で、判決内容は「法的には預かっていない」という結論だったのに、どの新聞も「子供を預かった」と報道しています。裁判所は法的な意味では預かっていないと判決しながら、不法行為責任を三割について認めたことから、法的には預かっていないけれども「好意で預かった」と新聞は報道したものと推測できますが、被告夫婦の反論は、「好意で預かった」のではなく、はっきり断らなかったのは近隣のよしみからだったというものでした。

子供の預け合いに関する日本で初めての訴訟の動機が、被告夫婦からの「誠意ある謝罪」がなかったからであることをどのように理解するか、なにゆえにこれだけの匿名の社会的反応が起きたのか、両当事者が納得できる法的解決は困難ではないのか、そうであれば訴訟手続以外にどのような解決が望ましかったのか、隣人に金銭賠償を求めたことの意味をどのように理解するかなど、この事件には多くの問題が見いだされます。

そして何よりも、通夜と告別式以降に両夫婦間のコミュニケーションが完全に切れたのはなぜか、隣人夫婦相互での直接の交渉がまったくないまま、いきなり訴訟となったのはなぜか、隣人夫婦が「まだ若いからまた産めばいい」とか、「私には責任はない」と言っていたといううわさが原告の耳に入ったと言われていますが、そのうわさの真相が確認されないまま訴訟になったのはなぜか、弁護士は適切な役割を果しているのか、なども問題になります。

ここで新聞記事（30・31ページ）をご覧ください。新聞の❶と❷は、朝日新聞の名古屋本社版の夕刊の記事です。❸は朝日新聞東京本社版の夕刊の記事です。名古屋本社版はこの判決を一面トップで取り上げ、社会面でも詳しく報道していますが、東京本社版と西部本社版はそれよりも相当に小さく扱っています。中日新聞は、判決当日の一面トップ記事に続けて判決の翌日にも関連情報を集めて、大きな特集記事を掲載しています。

どの新聞を見ても原告夫婦の名前は出ています。住所も町名まで出ていますし、番地まで書いてある新聞もありました。被告を最後まで匿名にしたのは、私の知るかぎり産経新聞だけでした。毎日新聞は最初の三日ぐらいは被告を匿名にしていましたが、ほかの新聞が報道しているからという理由で名前を出しました。産経新聞の三回の連載記事は、私が見た特集記事の中ではいちばん詳しいものです。

訴えの取り下げの記事は、朝日新聞では、西部本社版でも東京本社版でも最初から一面トップで扱われていました。どの新聞も「勝訴の原告」とか「勝った原告」という見出しになっていますが、その原告が「正体不明の声に脅されて」訴えを取り下げたことが、どの本社版でも一面トップに取り上げるに値する大事件だと判断されたことがわかります。もっとも、「勝った」とか「勝訴」というのは言い過ぎで、隣人に認められたのは三割の責任にとどまり、自治体の責任は認め

❶ 朝日新聞（名古屋本社版）一九八三年二月二十五日夕刊・一面

朝日新聞 夕刊 1983年（昭和58年）2月25日 金曜日 36505号 （日刊）

幼児水死 預かった側にも責任

近所夫婦に注意義務

親へ526万円払え

津地裁判決

好意からでも広い義務課す

判決理由の要旨

善意がアダになった

朝日新聞の名古屋本社版の夕刊では、「隣人訴訟事件」の判決を１面トップ❶で取り上げ、社会面❷でも詳しく報道している。東京本社版❸では相当小さな扱いとなっている。

朝日新聞のほか、どの新聞を見ても原告夫婦の名前が出ており、住所は番地まで書いている新聞もあった。この判決報道の直後から、匿名の非難中傷の電話が原告宅に押し寄せ、たまりかねた原告は訴え自体を取り下げることになる。

❷ 朝日新聞（名古屋本社版）一九八三年二月二十五日夕刊・社会面

# 近所付き合いに〝冷水〟

鈴鹿の幼児水死判決

## 温かい心、失う心配も

「新しい地域の連帯を」

## 責任、隣人より行政

原告の母親勝訴に不満

1983年(昭和58年) 2月25日 金曜日 4版 (14)

# 近所の夫婦に過失

## 母留守、預かった子が水死

津地裁判決

❸ 朝日新聞（東京本社版）一九八三年二月二十五日夕刊・社会面

られなかったのですから、せいぜい一部勝訴と書くべきところです。

訴え取り下げ後、各新聞は「隣人訴訟」事件を検証する特集記事を掲載します。それによって次第に事実関係も双方の主張も理解できるようになってきたためか、読者の反応は落ち着いてきます。各新聞の投書欄をずっと調べてみると、最初は原告夫婦に対する批判が圧倒的に多かったのですが、訴えの取り下げ後には、原告夫婦に理解や同情を示す投書も増えていきました。これらの一連の社会的反応は、日本社会の一局面が現れた社会現象として解明する必要があると思います。

この隣人訴訟事件は、「好意で預かった」とされた子が溺死した責任を問うために隣人夫婦同士が法廷で争った日本で最初のケースです。法的責任はないと考えていた被告夫婦は、三割の責任があるという判決に納得できなくて控訴しました。原告夫婦も、自分の子が溺死した責任の七割が自分たちにあるとされたことと、ため池に対する市の管理責任の落ち度が認められなかったことが納得できないので、控訴しようと考えていました。ところが、原告夫婦は、思わぬ匿名の非難中傷や夫の失業などに耐えかねて、訴え自体を取り下げたのでした。

その直後に被告側弁護士が控訴して争うと表明したところ、今度は匿名の非難中傷が被告夫婦に向けられました。人殺しだとか、封筒に入れたカミソリで死ねとか、悪質ないやがらせを受けたために、被告夫婦も訴えの取り下げに同意しました。市、国、県、建設会社も訴えの取り下げに同意しましたので、この判決は判決例としては残るものの、最初から効力のないものになったわけです。

原告夫婦が隣人夫婦を訴えたのは、「誠意ある謝罪」がないという動機によるものでした。被告夫婦も原告夫婦も、匿名の非難・中傷によって〈納得のいく解決〉志向を阻まれてしまったことがわかります。私たちが当事者だったらどのように解決しただろうかと考えると、現在でも解決の難しい事件であることがわかります。このような不幸な事件では、深い喪失感と重い責任感を伴うがゆえに、直接交渉による解決が著しく困難であること、訴訟になっても当事者双方が〈納得のいく解決〉に至ることはほとんど不可能であることがわかります。そうなれば、直接交渉と訴訟の間に、両当事者の〈納得のいく解決〉志向に適合した裁判外の紛争解決援助手続の可能性がないかどうかが問われることになります。

## 水俣病事件

もう一つの紛争事例は水俣病事件です。一九五六年五月一日とされる水俣病患者の公式確認からすでに五十四年が経過しましたが、まだこの事件は未解決です。

この事件史を見ますと、これまでに多様な解決方法が試みられてきたことがわかります。膨大な時間と労力が、患者さんたちによっても、それに対抗するチッソ株式会社や行政によっても、費やされてきたことがわかります。

この紛争解決過程を考えるときは、何よりも当事者である水俣病患者さんたちが自分たちの被害の回復を求めて、どのように補償要求されたのかに注目する必要があります。患者さんたちが戦略的に事件史を切り開いてきたところが少ないからですが、それを支えたのが「水俣病を告発する会」をはじめとする支援グループであり、訴訟では弁護士だということも押さえておく必要があります。

紛争解決過程の具体的な様相について、その過程を体験した当事者（患者とチッソと行政）や第三者＝支援者の方々の証言を聞くと、水俣病患者であることをチッソと行政に認めさせ、補償を勝ち取るために、患者さんたちがいかに苛酷な闘いを強いられたかがわかります。水俣病の症状であるから申請したのに、理由なく棄却の通知を受けて納得せよというのがもともと無理な話です。

最初にできた患者団体で、重症患者とその家族からなる「水俣病患者家庭互助会」は、ほんとうに孤立無援の闘いを余儀なくされました。その時期に、魚が売れなくなった漁民たちもチッソに抗議して工場に乱入したことがありました。

チッソと漁民との紛争を解決するために、「不知火海漁業紛争調停委員会」が設置されました。県知事、水俣市長、県議会議長、町村会会長、熊本日日新聞の社長の五名が正式メンバーです。この委員会は、自分たちの補償問題も取り上げてくれるようにという患者側の要請を受け容《うい》れました。しかし、委員会による調停案を受けて、互助会側は、一人あたり三百万円の補償を求めたものの、非常に低額の見舞金契約を受け入れざるを得ませんでした。しかも、見舞金契約の第五条には、将来、水俣病は工場の廃液が原因だとわかった場合にも、新たな補償要求をしないという権利放棄条項が規定されていました。猫の餌に工場廃液をかけて食べさせて有機水銀中毒症状が確認された猫四百号実験の結果を知っていたにもかかわらず、というよりもその結果を知ったがゆえに、この権利放棄条項をつけ加えたと考えざるを得ません。この条項はのちの第一次民事訴訟で、公序良俗に反して無効だと判断されることになります。

県知事をはじめとする地方行政の有力者が入った調停委員会だったのに、あまりにもチッソ寄りの調停案になったのはなぜでしょうか。チッソと互助会のように交渉力格差があまりにも大きい紛争当事者間では、交渉力の大きい当事者が同意する内容でなければ、そもそも調停案が策定できなかったと言わざるを得ないのかもしれません。

見舞金契約が締結されたのは、一九五九年十二月三十日でした。チッソは、工場排水が水俣病の原因だと知りながら、水俣病の原因はまだ不明であるという認識を崩さず、原因がチッソの工場にあるとわかっても新たな補償要求はしないという権利放棄条項を、調停委員会にも互助会にも認めさせたのでした。

政府が水俣病の原因が工場だと公式に認めたのは、その九年後の一九六八年でした。この政府の公害病認定によって、患者家庭互助会は補償問題を再燃させます。チッソは再び第三者委員会をつくるように厚生省に求めます。厚生省は、補償処理委員会をつくる条件として、患者側に、委員会の人選も救済内容も厚生省に委ねるという確約書の提出を求めました。

この確約書を提出することは、実質的には、補償問題の解決を厚生省の設置する第三者委員会の仲裁に委ねるという仲裁合意を意味します。見舞金契約で苦しい思いをしてきた患者家庭互助会会員は、もう二度とだまされまいと思いながらも今一度厚生省を信頼して確約書を出した患者らと、もう二度とだまされないために確約書の提出を拒否した患者らに分かれました。一九六九年四月五日のことです。前者が「一任派」、後者は、新潟水俣病患者の訴え提起に刺激を受け、自主交渉に応じないチッソを相手に民事訴訟を提起することになる「訴訟派」です。どちらも厳しい選択をしたことに変わりはありませんでした。

訴訟派が熊本地裁に提訴したのと同じ日に、川本輝夫氏宅に集まった患者グループがありました。のちに「自主交渉派」と呼ばれる患者グループです。一九六八年の政府の公害病認定後に、県に認定申請して棄却された患者グループです。未認定患者らは、感覚障害をはじめとする水俣病の典型症状を抱えているからこそ水俣病の認定申請をしています。患者らが理由も示されない棄却処分に納得できないのは当然のことです。

自主交渉派患者は、一九七〇年八月十八日に県の棄却処分に対する行政不服審査請求をしたところ、設置されたばかりの環境庁が一九七一年八月七日に県の棄却処分を取り消す裁決をしたために、県が認定した患者グループです。

しかし、チッソによって新認定患者として差別的に扱われたために、自主交渉派は、当初はチッソ水俣工場前に、引き続き一部はチッソの東京本社ビル前にテントを張って座り込みを続けながら、チッソの幹部に人間としての〈誠意ある対応〉を求め続けました。しかしながら、チッソは交渉に応じるどころか、千葉の五井工場から動員された若い従業員たちに、患者らと支援者らを建物の外に放り出させるという強硬姿勢を取り続けました。そこに示されたのは、直接交渉には応じないというチッソの強硬な姿勢でした。

一九七三年三月二十日、熊本地裁の第一次民事訴訟の判決が出されました。チッソの不法行為責任を認めた全面勝訴判決ではありましたが、訴訟派の患者さんたちは万歳という声を上げませんでした。判決によって得られるのは金銭賠償だけで、恒久対策などはまったくなかったのです。自主交渉派の闘いに共感していた訴訟派は直ちに上京して、自主交渉派と合流して東京交渉団を結成します。その東京交渉団が、民事判決の成果を踏まえて、訴訟では得られなかった恒久対策を求めるために、チッソの幹部との直接交渉を求めることになります。

しかしチッソは、患者から見ればまったく〈誠意のない対応〉を続けました。チッソは患者の交渉要求を拒み、どこまでも長期戦に持ち込もうとします。自主交渉派の座り込みにも展望があったわけではありません。闘いが長期化すると、その間に、チッソからも、東京本社ビル前に座り込んでいる患者グループと、水俣の工場前で座り込みを続けている患者グループの間を分断するための切り崩し工作があったようです。

こうして徐々に仲間が少なくなりますが、自主交渉派は闘い抜きます。自主交渉派に本懐を遂げさせるために黒子に徹した支援グループがあったからこそ、自主交渉派の闘いも可能になったという面もあります。

最終的には、環境庁長官と県知事の立ち会いのもとに、東京交渉団とチッソの間で補償協定が締結されます。判決で認められた一時金に加えて、終身特別調整手当という名の年金、それに医療手当、介護手当、おむつ代などが補償内容として獲得されました。判決で金銭をいくら支払えと言われても、それだけでは恒久的な解決にはなりませんので、どうしてもその後の交渉が必要になります。自主交渉派の最初の座り込みから補償協定書の締結まで、実に一年八か月の闘いが続けられたことになります。

行政型の調停と仲裁による解決、訴訟による解決のほかに、自主交渉派の長い闘いが続きましたが、さらに第三次民事訴訟では、チッソの不法行為責任だけでなく、国と県の行政責任が問われました。これに対して六つの地裁判決が出ましたが、それらは国と県の行政責任を認めるもの三つ、否定するもの三つに分かれました。

「生きているうちの救済」のために和解協議が進められましたが、最後まで国が参加しなかったので、和解協議自体は成立しませんでした。その代わりに、国は「全面的かつ最終的」解決を求めて政治解決を進めることになります。五つの大きな患者団体と一万人強の患者が、苦渋の選択としてこの政治解決を受け入れました。

その後、政治解決を受け入れなかった関西訴訟の原告患者らの闘いにより、控訴審判決と最高裁判決がようやく国と県の責任を認めたのでした。第二の政治決着に向けて水俣病特別措置法が制定されましたが、具体的にはこれから詰められていくものと思います。現在でも未認定患者がどこまで広がるかはまだわかりません。行政上指定された地域と期間の範囲のほかにも水俣病特有の症状を持った被害者が多数いることがわかっているからです。

今日は隣人訴訟事件と水俣病事件しか取り上げませんでしたが、こういう事例研究を重ねていきますと、それらの紛争事例の中に共通な要素が浮き出てきます。そこに、日本社会における紛争解決過程の二つの特徴を見いだすことができます。

一つは紛争当事者は相手方に〈誠意ある対応〉を求めているという特徴であり、もう一つは紛争当事者は〈納得のいく解決〉を求めているという特徴です。

## 四　紛争事例研究から日本社会研究へ（一）
### ――〈誠意ある対応〉過程の研究

まず紛争当事者の求める〈誠意ある対応〉についてですが、「誠意」とは単なる心情に過ぎないと考えている方が少なくありません。しかし、私の見るかぎり、この紛争解決過程で要請されている〈誠意ある対応〉は、かなり具体的な中身を持っています。「誠意がない」と非難をされるときも、具体的な対応が意識されています。加害者がきちんと謝罪せず、被害者がその加害者に対して「誠意がない」と批判する場合に、そこには規範的な理由があると思います。

「誠意」ある交渉過程のモデル、手続的規範と実体的規範の区別、誠意規範の機能、最後に「ハーバード流交渉術」の提唱している交渉の仕方との比較について、順番に取り上げてみたいと思います。

## 誠意ある交渉過程のモデル化

とくに加害者と被害者では、交渉過程で求められる「誠意」の内容に微妙なずれがあるのが常ですが、そのずれが調整される過程を簡単にモデル化してみました。

まず被害者は、加害者が「申し訳ありません」と誠意を持って謝罪するものと期待しています。それが〈期待としての誠意〉です。加害者も通常は、自分が加害者だと自覚すれば、自分のほうから責任を取ろうとします。それが〈自責としての誠意〉です。「期待」のほうが「自責」よりも大きければ、被害者は加害者に対して「もっと誠意を示すように」と要求します。〈要求としての誠意〉です。それに対して加害者が応えるのが、〈応答としての誠意〉です。それでも足りないときには、被害者は加害者を「誠意がない」と非難します。〈非難としての誠意〉です。それに対して、加害者が自分は十分誠意を尽くしていると述べるのが〈弁明としての誠意〉です。最終的には、被害者が加害者に〈納得としての誠意〉を感じた場合や、被害者が、加害者が一応頭を下げてくれたからと〈儀礼としての誠意〉を認める場合に、紛争が終結することになります。

今述べた順序で、〈誠意ある対応〉の交換過程は進行するというのが仮説的なモデルですが、実際には常にこの順序をたどるわけではありません。「期待」と「自責」の対応は交渉以前の社会規範に基礎を置いていますので、「要求」と「応答」の過程が誠意ある交渉過程の中心になります。〈非難としての誠意〉から相手との関係を断つ場合もあれば、訴訟に移行する場合もあります。交渉なしに〈非難としての誠意〉から直ちに訴訟を選択すれば、周囲の人々はなかなか提訴自体を理解してくれないのが常です。隣人訴訟事件はその典型と言えます。

## 手続的規範と実体的規範の区別

〈誠意規範〉を構造的に考えるために、手続的規範と実体的規範を区別すれば、わかりやすくなります。できるだけ日常語でルールを表すことにしますが、ルールと言っても、いつも明確だというわけではありません。しかし、明確な場合にはルールと言えるのではないかというのが私の考えです。

手続的規範としての「誠意」は、紛争当事者双方に共通していると言えますが、実体的規範としての「誠意」は、加害者に求められるルールと、被害者に求められるルールに区別されます。通常は加害者が当然〈誠意ある対応〉をすべきだということですが、〈誠意規範〉という場合には、周囲が被害者に求めるルールもあります。

まず、手続的規範には、〈話し合い解決のルール〉〈内済のルール〉〈段階的手順選択のルール〉〈不意打ち禁止のルール〉〈提訴は最後の手段のルール〉〈提訴弁明のルール〉が考えられます。

実体的規範のうち加害者に求められるのは、〈謹慎のルール〉〈謝罪のルール〉〈償いのルール〉〈真相説明のルール〉〈被害者感情受忍のルール〉〈再発防止努力のルール〉が考えられます。被害者から求められるものをルール化したものです。

被害者に求められるルールの前提は、加害者が誠意を尽くしているということです。被害者に求められる〈誠意規範〉というのは一般的にはあまり考えられていないので、少し説明が必要です。

まず〈許しのルール〉があります。加害者が誠意を尽くしている場合には、被害者の周囲からも、被害者に対して加害者を許してあげたらどうかという声が出てきます。加害者をそんなに深追いしないほうがよいという〈深追い禁止のルール〉もあります。

また、組織中では起こった問題について特定の人だけに責任があるということはあまりないことから、特定の個人の責任を厳しく追及している被害者に対して〈過度の個人責任追及禁止のルール〉が働く場合もあります。

いつまでも被害者感情にとらわれた状態が続く場合に、周りが被害の受忍を求め、被害からの立ち直りを促すことがあります。これが〈被害受忍のルール〉です。

このように、〈誠意規範〉が被害者を苦しめることもあることは看過されてはならないと思います。被害者感情には、社会規範とも周囲の人々の標準的な反応とも相容れないところがあります。

## 誠意規範の機能

手続的規範としての「誠意」には、機能的に見れば、直接交渉による〈合意形成機能〉があります。両当事者が〈誠意ある対応〉をすれば、合意形成がされやすくなるということです。それに、周囲の第三者からの共感や支援が得られやすくなるという機能もあります。

実体的規範としての「誠意」、とくに加害者の「誠意」には、被害者の〈感情鎮静化機能〉や被害者・加害者間の〈関係修復機能〉があります。加害者がほんとうに「誠意」をもって謝ったとき、被害の償いを求めないで許すのは〈免責機能〉、被害の償いを軽減するのは〈責任軽減機能〉です。「誠意」を示せばお金を払わずに済むことになるのが〈金銭代替機能〉、誠意を示せば、そのお金が単なるお金でなく誠意の象徴という意味を持つことになるというのが〈金銭象徴化機能〉です。

さらに、「誠意」には〈償い促進機能〉も働いているように思います。

## 「ハーバード流交渉術」の言う交渉原則との対比

〈誠意ある交渉〉の特徴を理解するには、「ハーバード流交渉術」と対比するとわかりやすいと思います。「ハーバード流交渉術」は、従来の「立場駆け引き型」（ハード型とソフト型）交渉と対比して「原則立脚型」交渉を提唱しています。当事者間の違いを当然の前提にして、その違いに上手に対処するための関係を構築しながら、当事者の意思から独立の原則（公正な基準）によって正当化できる、双方が満足する解決案を追求します。交渉の基本要素は、人と問題を分離すること、立場でなく利害に焦点をあてること、双方の利害を充たす選択肢を探ること、公正な基準を重視することの四つです。交渉相手の対応によって自己の交渉の仕方を変える相互主義的交渉戦略ではなく、相手がどのように振る舞おうとそれに左右されない、しかも自分のほうからは相手との関係を悪くしないし、自分にとって常に有利な交渉戦略を提唱しています。

それと対比すれば、〈誠意ある交渉〉の場合には、当事者間の〈相互性〉志向、〈合意〉志向、〈心情倫理〉（自らの心情に忠実に行動する心理）志向が強いのが特徴です。しかも、「人」を重視しているという意味で〈人間関係〉志向も強いと言えます。日本の文化と社会の中だけで通用する性格が強いという〈文化的了解〉志向も、〈誠意ある交渉〉の特徴の一つです。これと対比すれば、「ハーバード流交渉術」は普遍的な応用の可能性を目指すものと言えます。

## 責任確定の困難さ

このような〈誠意ある交渉〉の特徴は、場合によっては問題点でもあります。明確に指摘しておかなければならない問題点の一つは、両当事者間の〈相互性〉と〈関係性〉が強く共同性が弱いために、相互性・関係性を超えて客観的かつ明確に責任を確定することができないこと、それに、責任の程度を確定する手続がないことです。

もう一つは、〈誠意規範〉が心情倫理化されているために、償いの基準を形成する働きを含まないことです。したがって、この規範だけに準拠して紛争を解決することができるためには、当事者、とくに加害者が自発的に責任を引き受けていることと、加害者が引き受けようと思う責任の程度が、被害者の要求する責任の程度とそれほど違いがないことが前提になります。

この前提条件がなければ、なんらかの公正な基準を外から援用するか、あるいは、信頼できる第三者の関与のもとに当事者間で公正な基準を形成する場を設けることが必要になります。

もっと広く言えば、日常的な社会規範を基にしながら〈公正規範〉を形成することが課題になります。法や実務慣行などもそのための参考にはなりますが、それだけでは十分ではありません。どうしても、交渉過程における相互作用の中で調整される必要があります。

## 誠意のなさへの制裁としての訴訟

ここで見落とせないのは、〈誠意規範〉の中にも、加害者が「誠意」を示さない場合には、訴えを提起するという選択が組み込まれていることです。被害者が段階的に手順を踏んで誠意を要求しているのに、加害者が〈誠意ある対応〉をしなければ、提訴は最後の手段として認められています。

もっとも、提訴した場合には訴えた趣旨や動機をていねいに説明して初めて、提訴に対する周りの人々の理解と支持が得られることになります。隣人訴訟事件の場合には、提訴の動機が社会の人々に伝わっていなかったことが匿名の非難を招いた一つの理由になっているようです。隣人訴訟事件を検証する新聞の特集記事が出てから、提訴にも理解を示す投書が増えているのはその証拠の一つになりそうです。誠意のない相手方に対する訴訟が最後の手段として承認されているのですから、日本社会でも常に訴訟が回避されてきたわけではありません。

## 五　紛争事例研究から日本社会の研究へ（二）
### ――〈納得のいく解決〉過程の研究

〈納得のいく解決〉については、二つのことを述べたいと思います。一つは、〈納得のいく解決〉志向が成熟していく三つの段階が考えられるということです。紛争当事者がこの三段階を意識しておきますと、〈納得のいく解決〉を求めている自分の状態をよりよく自覚することができます。もう一つは、〈納得のいく解決〉志向に適合する紛争解決援助手続の構築が必要だということです。日常世界から見て、最も望ましいものとして期待されるのが、対話促進型調停という手続です。

### 〈納得のいく解決〉志向の三段階モデル

紛争当事者が〈納得のいく解決〉を目指す当初には、法的解決志向と非法的解決志向は未分化なままであるのが常です（主観的未分化モデルの段階）。やがて紛争の経過の中で具体的に手続利用を考えますと、ひとまずはどうしても法的争点と非法的争点を分化させる必要があります（専門分化モデルの段階）。調停を利用するのであれば、非法的解決志向が強くならざるを得ませんから、法的争点の解決は難しくなるのが常です。訴訟はもっぱら法的争点のみを扱う手続ですので、訴訟を利用すれば、非法的争点は未解決のまま残されることになります。

もっとも、日本社会では現在も訴訟は身近とは言えず、大きなコストもかかるため、非法的争点とともに法的争点を抱えていても、まず調停を利用することがあります。この場合には調停といっても、法的争点にも対応することが求められることになります。日本の裁判所における調停では、裁判官が調停委員会を主宰していますので、その裁判官が法的争点について判断するという役割も果たしています。

いきなり訴訟になれば法的争点だけがもっぱら議論されることになり、両当事者は言いたいことを言えず、どちらも納得できないまま判決に至るという結果になりがちです。例えば、調停の場で紛争当事者の感情的なしこりが解けて、訴訟にまで至らないで収まる非法的解決志向の強い紛争もあるはずです。いきなり訴訟になったばかりに、〈納得のいく解決〉からさらに遠のく結果になるのは不幸なことです。隣人訴訟事件はその典型です。

最後の段階では、ひとたび分かれた非法的解決志向と法的解決志向が統合される解決が考えられます（反省的統合モデルの段階）。例えば、訴訟の場で法的争点についての判断が見通せるようになってから訴訟上の和解をするというように、法的解決内容に非法的解決の部分を加えた解決もあれば、判決後に、その判決を基礎に交渉による和解的な解決を加えることもあります。

水俣病事件を例にとって言いますと、補償協定の締結は、少なくともこの時点では反省的統合の段階に達したものと位置づけられると思います。判決でチッソの過失責任が認められた後、自主交渉闘争を続けていた自主交渉派と全面勝訴した訴訟派が合流して東京交渉団が結成されましたが、その東京交渉団がチッソとの間で締結した補償協定書の内容は、金銭賠償と恒久対策の双方を含むものでした。補償の基本的な骨組みができ上がったと思われたのはつかの間でした。それだけの補償内容は行政によって「認定」された水俣病患者に対してしか保障されないのですから、この補償協定が締結されてからの補償をめぐる闘争は、もっぱら認定基準をめぐる未認定患者と行政との激しい闘いへと重点を移していくことになりました。

このように、紛争当事者の解決志向は、紛争解決過程では、法的解決志向と非法的解決志向の未分化な段階から、専門分化した段階を経て、反省的統合の段階へと成熟していくのではないかと思います。もちろんこれは仮説的なモデルですから、実際には、途中でどの段階かが抜けることもあれば、最後までいかない場合もあります。しかしこのモデルを手がかりにすれば、紛争の解決過程における〈納得のいく解決〉志向のあり方が認識しやすくなります。

なお、泣き寝入りがしばしば批判されますが、被害者がその被害の回復を求めて声を上げることと被害を受忍することのどちらを採用するかは、被害者にとっては重い選択であるのが常です。いずれを選択しても、その結果を引き受けるのは被害者自身であることに変わりありません。ただ、被害者が声を上げることを可能にしているのは、しばしば被害者を積極的に支援してくれる人々であり、さらには共感的に理解してくれている人々であるということは言えると思います。そのような人々がいないときに、例えば公的機関に声を上げて援助を求めるのは容易なことではありません。一般に、第三者はしばしば当事者に対して「自分の権利をなぜ主張しないのか」と安易に言いがちです。第三者として、当事者に対してどのような援助ができるかを考えて発言するのが親切なやり方だと言えそうです。

## 〈納得のいく解決〉志向に適合した紛争解決援助手続の構築

〈納得のいく解決〉志向に適合した紛争解決援助手続をどのように構築するかが、次の課題になります。とりわけ、調停と言えば、今までは裁判所における民事調停と家事調停だけが思い浮かべられましたが、前に述べたＡＤＲ法（裁判外紛争解決手続の利用の促進に関する法律）もできましたので、民間も含めて広い意味での調停が問題とされやすくなりました。ここで、日常世界で失われつつある紛争解決の知恵をどのように再構築するかが問われます。当事者だけでは難しくなった話し合いを、第三者の援助の手を借りて確保することが急務になってきたのです。

いわば安心して利用できる対話促進型調停が身近にあれば、いわゆる泣き寝入りもいきなりの訴訟も少なくなることが予想されます。そうなれば、訴訟を利用しなければ解決できないような紛争だけが訴訟に向かうことが期待されます。

民事調停と家事調停では、現在でも調停委員主導の説得型や互譲斡旋型の調停が広く行われているように見えますが、これらと並んでこれから期待されるのは、紛争当事者の求める〈納得のいく解決〉志向に適合した対話促進型調停ではないかと思います。さらにさまざまな職業分野での専門的紛争に対して専門的判断を求める評価型調停の必要性もこれから高まるものと思います。これら二つの調停類型は、まだ現在の日本社会には普及しているとは言えません。直接交渉と訴訟の中間に、利用しやすい裁判外の紛争解決援助手続（ＡＤＲ）を設けること、とりわけ対話促進型調停の仕組みを設けることがますます必要になります。

## 調停の限界から訴訟へ

ただ、相手方がまったく話し合いに応じようとしない場合、相手方が圧倒的な交渉力を持っている場合、相手方と法的責任の有無を真正面から争うような場合には、たとえ調停者が対話を促進させる実践知を持っていたとしても、調停による対話促進は難しいと言えます。

この場合には、訴えの提起によって相手方を訴訟の場に引き出して法的対話を迫る必要があります。調停にはその理念的な限界があります。それゆえに、調停の理念の固有性と調停の可能性を追求すると同時に、調停を訴訟とどのように連携させるかが大きな課題になります。

民間の調停においても、裁判所の民事調停・家事調停においても、対話促進型の運営が拡大していけば、その活用によって感情的な対立をそのまま訴訟に持ち込むことは少なくなり、訴訟提起されるのは、訴訟でなければ解決しがたい紛争に限定されてくるのではないかと期待されます。これからは、手続利用者の視点から見ると、訴訟の場でも、日常的に理解可能な対話を回復できる可能性を追求することがこれまで以上に求められるようになると思います。というのも、紛争当事者の〈納得のいく解決〉志向は、どのような手続の中でも尊重される必要があるからです。この点では、調停と訴訟に違いはありません。

このように見てきますと、これからは、当事者の視点からは、直接交渉から調停を経て訴訟に至る手続利用のあり方を論じる手続選択の理論が求められるようになります。どういう手順でどのような手続を利用したら自分の〈納得のいく解決〉が得られるかがわかるような理論です。手続を選択するのは紛争当事者ですが、手続の適切な選択には、専門家への相談と専門家による援助が不可欠です。専門家は、当事者がどのような解決を求めているかをしっかり聞き取る必要があります。当事者の求めていることをきちんと聞き取ろうとしないで、自分の考えを押し付ける自信過剰な専門家は困りものです。

制度運営の視点からは、紛争当事者の〈納得のいく解決〉志向に適合した紛争解決援助手続の連携のあり方を解明する手続連携の理論が課題になるのではないかと思います。

## 六　結び

私たちが今いちばん必要としているのは、日常世界との連続性・適合性を持った裁判外紛争解決援助手続（ＡＤＲ）、とくに対話促進型の調停の場ではないかと思います。紛争当事者が自分たちだけでは言いたいことを言い合うことができなくなった場合に、公正な第三者の関与のもとで話し合いによる〈納得のいく解決〉を目指すことができる場です。

かつては、地域社会にいる世話役（有力者や知恵者）が、間に入って紛争当事者と一緒に話し合う場を設けることがありましたが、現在では世話役もそのような場も失われてきました。

しかし、紛争当事者間で話し合う身近な場がないからといって、直ちに訴訟を提起しなければならないとすれば、紛争当事者は大きな負担を余儀なくされるばかりでなく、両当事者が求める〈納得のいく解決〉からも遠ざかることになります。

紛争当事者間の話し合いの場を重視するのであれば、一つの方法は裁判所における調停の場を活用することです。すなわち、民事調停と家事調停を、調停者主導の説得型から当事者主役の対話促進型へと運用上の工夫を凝らすことです。

もう一つの方法は、民間にも対話促進型の調停の仕組みを整えること、このような調停を担うことができる調停者を育成することです。それと同時に、私たちの誰もが毎日経験していながら、あまりまともに見ようとしていない事実をあらためて問い直すことが望まれます。それは自己と他者が異質な存在でありながら、ともに見えない形で協力しながら生活しているというあたりまえの事実です。私たちは誰もが自己の感情や思考を働かせながら、自己の人生を他者とともに生きています。私たちは常日頃から小さな誤解や先入観による決め付けやわかっているつもりの理解や自我の押し付けなどをやっています。相手方の反応によって誤解や決め付けや押し付けであることに気づくこともありますし、黙って相手方との関係調整をしていることもあります。

私たちは、しばしば自分のほうは相手を理解していると思っています。しかし、相手は自分を理解してくれていないと思っています。自分は相手方を理解しようと努力していないにもかかわらず、相手が自分をわかってくれないと非難します。相手方を理解しようと思えば、相手の語ることをしっかり聴かなければなりません。自分の思いを理解してもらいたければ、自己を語る努力をする必要がありま す。自己と他者の双方が相互理解のために多少の努力をするつもりになれば、今以上に対話の可能性は開かれるのではないでしょうか。そうなれば、対話促進型調停の可能性も広がっていきます。

確かに、私たちが日常実践している対話には、もろいところがあります。対話にもろいところがあるというよりも、対話を可能にしている信頼関係自体にもろいところがあると言ったほうがよいかもしれません。紛争の発生によって容易に両当事者間の信頼関係は損なわれてしまい、それゆえに対話も損なわれてしまいます。しかし、調停者が公正な第三者として両当事者間に介在することによって信頼関係が回復し、対話が回復することが可能になる場合があるのではないでしょうか。調停者の援助のもとに当事者間の対話が回復・促進される場を設けることが、当事者間での紛争解決を援助する仕組みとして、これからますます望まれるようになるのではないかと思います。

これからのＡＤＲ研究の課題の一つは、日本社会に紛争当事者間の対話による解決を援助し得る調停の仕組みをつくること、対話促進型調停を担うことのできる調停者を育成するための研修の仕組みをつくることです。もう一つの課題は、現代社会の条件の中で対話で成り立つ関係をどのように構築したらよいかを明らかにすることです。

私はこれからも、対話の可能性を高める条件と対話促進型調停の可能性を考え、日常的対話と訴訟との連携における法的対話についても考えていきたいと思っています。ご清聴ありがとうございました。

吉田　勇（よしだ　いさむ）

昭和20年（1945）、長崎県佐世保市生まれ。九州大学大学院法学研究科修士課程修了。専門分野・法社会学。九州大学助手、熊本大学助教授などを経て、平成元年、同大法学部教授、13〜15年および17〜19年に法学部長を務める。現在、熊本大学大学院社会文化科学研究科教授。

編著書に『法化社会と紛争解決』、『紛争解決システムの新展開』（ともに成文堂）、『末弘厳太郎と日本の法社会学』（東京大学出版会）など。

●生涯学習ブックレット

**紛争解決のあり方を考える**
**――日常世界と法の世界の架橋を求めて**

---

平成23年3月1日　初版発行

著　者　吉田　勇

発　行　公益財団法人 モラロジー研究所
〒277-8654 千葉県柏市光ヶ丘2-1-1
TEL. 04-7173-3155（出版部）
http://www.moralogy.jp/

発　売　学校法人 廣池学園事業部
〒277-8686 千葉県柏市光ヶ丘2-1-1
TEL. 04-7173-3158

印　刷　株式会社 長正社

---

© I. Yoshida 2011, Printed in Japan
ISBN978-4-89639-198-5
落丁・乱丁本はお取り替えいたします。